선운사 동백꽃 보러갔더니

국립중앙도서관 출판예정도서목록(CIP)

선운사 동백꽃 보러 갔더니 / 지은이: 서정주. -- 양평군 : 시인생각, 2015
  p. ;   cm. -- (한국대표 명시선 100)

ISBN 978-89-98047-03-0 03810 : ₩6000

한국 현대 문학[韓國現代文學]
한국 현대시[韓國現代詩]

811.62-KDC6
895.714-DDC23   CIP2015004272

한 국 대 표
명　 시 　선
1　　0　　0

서 　정 　주

선운사 동백꽃 보러갔더니

시인생각

■ 시인의 말

　내 갓 젊었던 날의 열정과 고답高踏과 고독과 절망을 다룬 단 24편만의 건방졌었다면 대단히 건방지기도 했던 첫 시집 『화사집花蛇集』의 초판발행 반세기 되는 해를 맞이하여 나를 아껴주시는 친지들이 이것의 복간復刊을 마련해주시니, 그저 감사하는 마음만이 앞설 따름이다.
　1936년에 오장환吳章煥 군의 남만서고南蠻書庫에서 발행예정이었다가 그곳의 부진으로 1941년 봄에야 나오게 된 이 책 100부 한정판 중의 특장본들에는 등때기에만 누군가가 붉은 실로 화사집 세 글자를 자수刺繡했었고 표지에는 아무것도 표현하지 않았었으며, 나머지의 병제본並製本에만 정지용鄭芝溶 선배께서 「궁발거사화사집窮髮居士花蛇集」이라고 멋들어진 붓글씨로 휘호揮毫해 주셨기에 이걸 이 복간본들의 안표지에 넣기로 했다.

1991년 9월
미 당 未堂

<1991년 화사집 50년 기념 복제본 후기>

■ 차 례 ──────── 선운사 동백꽃 보러갔더니

시인의 말

1

귀촉도歸蜀途　13
자화상自畵像　14
무등無等을 보며　16
동천冬天　17
연꽃 만나고 가는 바람같이　18
선운사禪雲寺 동구洞口　19
우리 님의 손톱의 분홍 속에는　20
수대동시水帶洞詩　22
석굴암 관세음의 노래　24
부활復活　26

한국대표명시선100 서 정 주

2

국화 옆에서   29
견우牽牛의 노래   30
상리과원上里果園   32
풀리는 한강漢江가에서   34
추천사鞦韆詞 —춘향의 말 1   36
춘향유문春香遺文 —춘향의 말 3   37
아지랑이   38
신록新綠   40
학鶴   42
푸르른 날   44

3

입맞춤　47

화사花蛇　48

문둥이　50

대낮　51

밀어密語　52

무제無題　53

내리는 눈발 속에서는　54

광화문光化門　56

선덕여왕善德女王의 말씀　58

나의 시詩　60

4

꽃밭의 독백獨白 —사소단장娑蘇斷章　63
노인헌화가老人獻花歌　64
내 영원은　68
내 그대를 사랑하는 마음은　69
추석　70
수로부인의 얼굴
—미인을 찬양하는 신라적新羅的 어법語法　72
신부　75
해일　76
신발　77
박꽃 시간　78

5
침향沈香 81
내가 돌이 되면 82
내 아내 83
꽃을 보는 법 84
질마재의 내 생가 85
내 할머니 86
한국의 산시 87
에베레스트 대웅봉이 말씀하시기를 88
낮잠 89
무슨 꽃으로 문지르는 가슴이기에 나는 이리도 살고 싶은가 —빈 가지에 바구니만 매여 두고 내 소녀, 어디 갔느뇨(오일도吳一島) 90

해설_피안의 무지개·이근배 94
1941년 발간 『화사집』 발문·김상원 105
서정주 연보 106

1

귀촉도歸蜀途

눈물 아롱아롱
피리 불고 가신 님의 밟으신 길은
진달래 꽃비 오는 서역西域 삼만 리.
흰 옷깃 여며여며 가옵신 님의
다시 오진 못하는 파촉巴蜀 삼만 리.

신이나 삼아 줄 걸 슬픈 사연의
올올이 아로새긴 육날메투리
은장도銀粧刀 푸른 날로 이냥 베어서
부질없는 이 머리털 엮어드릴 걸.

초롱에 불빛, 지친 밤하늘
굽이굽이 은핫물 목이 젖은 새,
차마 아니 솟는 가락 눈이 감겨서
제 피에 취한 새가 귀촉도歸蜀途 운다.
그대 하늘 끝 호올로 가신 님아.

자화상 自畵像

애비는 종이었다. 밤이 깊어도 오지 않았다.
파뿌리같이 늙은 할머니와 대추꽃이 한 주 서 있을 뿐이
었다.
어매는 달을 두고 풋살구가 꼭 하나만 먹고 싶다 하였으
나…… 흙으로 바람벽 한 호롱불 밑에
 손톱이 까만 에미의 아들.
갑오년甲午年이라든가 바다에 나가서는 돌아오지 않는다
하는 외할아버지의 숱 많은 머리털과
 그 커다란 눈이 나는 닮았다 한다.

스물세 해 동안 나를 키운 건 팔할八割이 바람이다.
세상은 가도 가도 부끄럽기만 하더라.
어떤 이는 내 눈에서 죄인罪人을 읽고 가고
어떤 이는 내 입에서 천치天痴를 읽고 가나
나는 아무것도 뉘우치진 않을란다.

찬란히 틔워오는 어느 아침에도
이마 위에 얹힌 시詩의 이슬에는
몇 방울의 피가 언제나 섞여 있어

볕이거나 그늘이거나 혓바닥 늘어뜨린
병든 수캐마냥 헐떡거리며 나는 왔다.

※ 此一扁昭和十二年丁丑歲仲秋作. 作者時年二十三也.
  (이 시는 시인이 23세 때인 1937년 추석에 쓴 것이다.)

무등無等을 보며

가난이야 한낱 남루襤褸에 지나지 않는다.
저 눈부신 햇빛 속에 갈맷빛의 등성이를 드러내고 서 있는 여름 산 같은
우리들의 타고난 살결, 타고난 마음씨까지야 다 가릴 수 있으랴.

청산靑山이 그 무릎 아래 지란芝蘭을 기르듯
우리는 우리 새끼들을 기를 수밖엔 없다.

목숨이 가다가다 농울쳐 휘어드는
오후의 때가 오거든,
내외들이여, 그대들도
더러는 앉고
더러는 차라리 그 곁에 누워라.

지어미는 지애비를 물끄러미 우러러보고,
지애비는 지어미의 이마라도 짚어라.

어느 가시덤불 쑥구렁에 놓일지라도
우리는 늘 옥돌같이 호젓이 묻혔다고 생각할 일이요.
청태靑苔라도 자욱이 끼일 일인 것이다.

동천冬天

내 마음속 우리 님의 고운 눈썹을
즈믄 밤의 꿈으로 맑게 씻어서
하늘에다 옮기어 심어 놨더니
동지섣달 날으는 매서운 새가
그걸 알고 시늉하며 비끼어 가네.

연꽃 만나고 가는 바람같이

섭섭하게,
그러나
아주 섭섭지는 말고
좀 섭섭한 듯만 하게,

이별이게,
그러나
아주 영 이별은 말고
어디 내생에서라도
다시 만나기로 하는 이별이게,

연꽃
만나러 가는
바람 아니라
만나고 가는 바람같이……

엊그제
만나고 가는 바람 아니라
한두 철 전
만나고 가는 바람같이……

선운사禪雲寺 동구洞口

선운사 고랑으로
선운사 동백꽃을 보러 갔더니
동백꽃은 아직 일러 피지 않았고
막걸릿집 여자의 육자배기 가락에
작년 것만 오히려 남았습디다.
그것도 목이 쉬어 남았습디다.

우리 님의 손톱의 분홍 속에는

우리 님의
손톱의
분홍 속에는
내가 아직 못다 부른
노래가 살고 있어요.

그 노래를
못다 하고
떠나 올 적에
미닫이 밖 해어스름 세레나드 위
새로 떠올라오는 달이 있어요.

그 달하고
같이 와서
바이올린을 키면서
아무리 생각해도 생각 안 나는
G선의 멜로디가 들어 있어요.

우리 님의
손톱의

분홍 속에는
전생의 제일로 고요한 날의
사둔댁 눈웃음도 들어 있지만

우리 님의
손톱의
분홍 속에는
이승의 비바람 휘모는 날에
꾸다 꾸다 못 다 꾼
내 꿈이 서리어 살고 있어요.

수대동시 水帶洞詩

흰 무명옷 갈아입고 난 마음
싸늘한 돌담에 기대어 서면
사뭇 쑥스러워지는 생각, 고구려에 사는 듯
아스럼 눈감았든 내 넋의 시골
별 생겨나듯 돌아오는 사투리.

등잔불 벌써 켜지는데……
오랫동안 나는 잘못 살았구나.
샤를르 보들레르처럼 섧고 괴로운 서울 여자를
아주 아주 인제는 잊어버려,

선왕산 그늘 수대동 십사 번지
장수강 뻘밭에 소금 구워 먹든
증조할아버지 적 흙으로 지은 집
오매는 남보단 조개를 잘 줍고
아버지는 등짐 서른 말 졌느니

여기는 바로 십 년 전 옛날
초록저고리 입었든 금녀, 꽃각시 비녀하여 웃던 삼월의
금녀, 나와 둘이 있던 곳.

머잖아 봄은 다시 오리니
금녀 동생을 나는 얻으리
눈썹이 검은 금녀 동생,
얻어선 새로 수대동 살리.

석굴암 관세음의 노래

그리움으로 여기 섰노라.
호수와 같은 그리움으로.

이 싸늘한 돌과 돌 사이
얼크러지는 칡넝쿨 밑에
푸른 숨결은 내 것이로다.

세월이 아주 나를 못 쓰는 티끌로서
허공에, 허공에 돌리기까지는
부풀어 오르는 가슴 속에 파도와
이 사랑은 내 것이로다.

오고 가는 바람 속에 지새는 나날이여.
땅속에 파묻힌 찬란한 서라벌,
땅속에 파묻힌 꽃 같은 남녀들이여.

오! 생겨났으면, 생겨났으면,
나보다도 더 나를 사랑하는 이
천년을 천년을 사랑하는 이
새로 햇볕에 생겨났으면,

새로 햇볕에 생겨 나와서
어둠 속에 날 가게 했으면,
사랑한다고…… 사랑한다고……
이 한마디 말 님께 아뢰고
나도 인제는 바다에 돌아갔으면!

허나, 나는 여기 섰노라.
앉아계시는 석가釋迦의 곁에
허리에 쬐끄만 향낭香囊을 차고,
이 싸늘한 바위 속에서
날이 날마다 들이쉬고 내쉬이는
푸른 숨결은
아, 아직도 내 것이로다.

부활復活

　내 너를 찾아왔다 순아叟娜. 너 참 내 앞에 많이 왔구나. 내가 혼자서 종로를 걸어가면 사방에서 네가 웃고 오는구나. 새벽닭이 울 때마다 보고 싶었다. 내 부르는 소리 귓가에 들리더냐, 순아叟娜. 이게 몇만 시간 만이냐. 그날 꽃상여 산 넘어서 간 다음, 내 눈동자 속에는 빈 하늘만 남더니, 매만져 볼 머리카락 하나 없더니, 비만 자꾸 오고……. 촛불 밖에 부엉이 우는 돌문을 열고 가면 강물은 또 몇천 린지, 한번 가선 소식 없던 그 어려운 주소에서 너 무슨 무지개로 내려왔느냐. 종로 네거리에 뿌우여니 흩어져서, 뭐라고 조잘대며 햇볕에 오는 애들, 그중에도 열아홉 살쯤 스무 살쯤 되는 애들. 그들의 눈망울 속에, 핏대에, 가슴속에 들어앉아 순아! 순아! 순아! 너 인제 모두 다 내 앞에 오는구나.

2

국화 옆에서

한 송이의 국화꽃을 피우기 위해
봄부터 소쩍새는
그렇게 울었나 보다.

한 송이의 국화꽃을 피우기 위해
천둥은 먹구름 속에서
또 그렇게 울었나 보다.

그립고 아쉬움에 가슴 조이던
머언 먼 젊음의 뒤안길에서
인제는 돌아와 거울 앞에 선
내 누님같이 생긴 꽃이여.

노오란 네 꽃잎이 피려고
간밤엔 무서리가 저리 내리고
내게는 잠도 오지 않았나 보다.

견우牽牛의 노래

우리들의 사랑을 위하여서는
이별이, 이별이 있어야 하네

높았다, 낮았다, 출렁이는 물살과
물살 몰아갔다 오는 바람만이 있어야 하네.

오— 우리들의 그리움을 위하여서는
푸른 은하물이 있어야 하네

돌아서는 갈 수 없는 오롯한 이 자리에
불타는 홀몸만이 있어야 하네!

직녀여, 여기 번쩍이는 모래밭에
돋아나는 풀싹을 나는 세이고……

허이언 허이언 구름 속에서
그대는 베틀에 북을 놀리게.

눈썹 같은 반달이 중천에 걸리는
칠월 칠석 돌아오기까지는

검은 암소를 나는 먹이고
직녀여, 그대는 비단을 짜세.

상리과원 上里果園

　꽃밭은 그 향기만으로 볼진대 한강수漢江水나 낙동강洛東江 상류와도 같은 융융隆隆한 흐름이다. 그러나 그 낱낱의 얼굴들로 볼진대 우리 조카딸년들이나 그 조카딸년들의 친구들의 웃음판과도 같은 굉장히 즐거운 웃음판이다. 세상에 이렇게도 타고난 기쁨을 찬란히 터트리는 몸뚱아리들이 또 어디 있는가. 더구나 서양에서 건너온 배나무의 어떤 것들은, 머리나 가슴패기뿐만이 아니라 배와 허리와 다리 발꿈치에까지도 이쁜 꽃숭어리들을 달았다. 멧새, 참새, 때까치, 꾀꼬리, 꾀꼬리 새끼들이 조석朝夕으로 이 많은 기쁨을 대신 읊조리고, 수십만 마리의 꿀벌들이 왼종일 북치고 소고치고 마짓굿 울리는 소리를 하고, 그래도 모자라는 놈은 더러 그 속에 묻혀 자기도 하는 것은 참으로 당연當然한 일이다.

　우리가 이것들을 사랑하려면 어떻게 했으면 좋겠는가. 묻혀서 누워 있는 못물과 같이 저 아래 저것들을 비춰고 누워서, 때로 가냘프게도 떨어져 내리는 저 어린것들의 꽃잎사귀들을 우리 몸 위에 받아라도 볼 것인가. 아니면 머언 산山들과 나란히 마주 서서, 이것들의 아침의 유두분면油頭粉面과, 한낮의 춤과, 황혼의 어둠 속에 이것들이 잦아들어 돌아오는— 아스라한 침잠沈潛이나 지킬 것인가.

하여간 이 하나도 서러울 것이 없는 것들 옆에서, 또 이것들을 서러워하는 미물微物 하나도 없는 곳에서, 우리는 섣불리 우리 어린것들에게 설움 같은 걸 가르치지 말 일이다. 저것들을 축복祝福하는 때까치의 어느 것, 비비새의 어느 것, 벌 나비의 어느 것, 또는 저것들의 꽃봉오리와 꽃숭어리의 어느 것에 대체 우리가 항용 나직이 서로 주고받는 슬픔이란 것이 깃들이어 있단 말인가.

이것들의 초밤에의 완전귀소完全歸巢가 끝난 뒤, 어둠이 우리와 우리 어린것들과 산과 냇물을 까마득히 덮을 때가 되거든, 우리는 차라리 우리 어린것들에게 제일 가까운 곳의 별을 가리켜 보일 일이요, 제일 오래인 종鐘소리를 들릴 일이다.

풀리는 한강漢江가에서

강江물이 풀리다니
강江물은 무엇하러 또 풀리는가
우리들의 무슨 설움 무슨 기쁨 때문에
강江물은 또 풀리는가

기러기같이
서리 묻은 섣달의 기러기같이
하늘의 얼음장 가슴으로 깨치며
내 한평생을 울고 가려 했더니

무어라 강江물은 다시 풀리어
이 햇빛이 물결을 내게 주는가

저 민들레나 쑥잎 같은 것들
또 한 번 고개 숙여 보라 함인가
황토黃土 언덕
꽃상여喪輿
떼과부寡婦의 무리들
여기 서서 또 한 번 더 바라보라 함인가

강江물이 풀리다니
강江물은 무엇하러 또 풀리는가
우리들의 무슨 설움 무슨 기쁨 때문에
강江물은 또 풀리는가

추천사鞦韆詞
— 춘향의 말 1

향단香丹아 그넷줄을 밀어라.
머언 바다로
배를 내어밀듯이,
향단아.
이 다수굿이 흔들리는 수양버들나무와
베갯모에 뇌이듯한 풀꽃더미로부터,
자잘한 나비 새끼, 꾀꼬리들로부터
아주 내어밀듯이, 향단아.
산호도 섬도 없는 저 하늘로
나를 밀어 올려다오.
채색한 구름같이 나를 밀어 올려다오.
이 울렁이는 가슴을 밀어 올려다오!
서西으로 가는 달 같이는
나는 아무래도 갈 수가 없다.
바람이 파도를 밀어 올리듯이
그렇게 나를 밀어 올려다오.
향단아.

춘향유문 春香遺文
— 춘향의 말 3

안녕히 계세요.
도련님.

지난 오월 단옷날, 처음 만나던 날
우리 둘이서 그늘 밑에 서 있던
그 무성하고 푸르던 나무같이
늘 안녕히 안녕히 계세요.

저승이 어딘지는 똑똑히 모르지만,
춘향의 사랑보단 오히려 더 먼
딴 나라는 아마 아닐 것입니다.

천 길 땅 밑을 검은 물로 흐르거나
도솔천의 하늘을 구름으로 날더라도
그건 결국 도련님 곁 아니에요?

더구나 그 구름이 소나기 되어 퍼부을 때
춘향은 틀림없이 거기 있을 거예요.

아지랑이

아지랑이가 피어오른다
섧고도 어지러운 사랑의 모습처럼
여릿여릿 흔들리며 피어오른다.

공덕동에 피어오르는 아지랑이는
공덕동에 사는 이의 사랑의 모습.
만리동에 피어오르는 아지랑이는
만리동에 사는 이의 사랑의 모습.

순이네가 사는 집 지붕 위에선
순이네 아지랑이 피어오르고
복동이가 사는 집 지붕 위에선
복동이네 아지랑이 피어오르고

누이야 네 수놓는 방에서는
네 수놓는 아지랑이,
네 두 눈에 맑은 눈물방울이 고이면
맑은 눈물방울이 고이는 아지랑이 피어오르고

'그립다' 생각하면
'그립다' 생각하는 아지랑이,
'아!' 하고 또 속으로 소리치면
'아!' 하고 또 속으로 소리치는 아지랑이,

아지랑이가 피어오른다.
섧고도 어지러운 사랑의 모습처럼
여릿여릿 흔들리며 피어오른다.

신록 新綠

어이할거나
아— 나는 사랑을 가졌어라
남몰래 혼자서 사랑을 가졌어라.

천지엔 이미 꽃잎이 지고
새로운 녹음이 다시 돋아나
또 한 번 날 에워싸는데

못 견디게 서러운 몸짓을 하며
붉은 꽃잎은 떨어져 내려
펄펄펄 펄펄펄 떨어져 내려

신라 가시내의 숨결과 같은
신라 가시내의 머리털 같은
풀밭에 바람 속에 떨어져 내려

올해도 내 앞에 흩날리는데
부르르 떨며 흩날리는데……

아— 나는 사랑을 가졌어라.
꾀꼬리처럼 울지도 못할
기찬 사랑을 혼자서 가졌어라.

학鶴

천년 맺힌 시름을
출렁이는 물살도 없이
고은 강물이 흐르듯
학이 나른다

천년을 보던 눈이
천년을 파닥거리던 날개가
또 한 번 천애天涯에 맞부딪노나

산 덩어리 같아야 할 분노가
초목도 울려야 할 설움이
저리도 조용히 흐르는구나

보라, 옥빛, 꼭두서니,
보라, 옥빛, 꼭두서니,
누이의 수틀을 보듯
세상을 보자

누이의 어깨 넘어
누이의 수틀 속의 꽃밭을 보듯
세상을 보자

울음은 해일海溢
아니면 크나큰 제사祭祀와 같이

춤이야 어느 땐들 골라 못 추랴
멍멍히 잦은 목을 제 쭉지에 묻을 바에야
춤이야 어느 술참땐들 골라 못 추랴

긴 머리 자진머리 일렁이는 구름 속을
저, 울음으로도 춤으로도 참음으로도 다하지 못한 것이
어루만지듯 어루만지듯
저승 곁을 나른다

푸르른 날

눈이 부시게 푸르른 날은
그리운 사람을 그리워하자.

저기 저기 저, 가을꽃 자리
초록이 지쳐 단풍 드는데

눈이 내리면 어이 하리야,
봄이 또 오면 어이 하리야.

내가 죽고서 네가 산다면!
네가 죽고서 내가 산다면?

눈이 부시게 푸르른 날은
그리운 사람을 그리워하자.

3

입맞춤

가시내두 가시내두 가시내두 가시내두
콩밭 속으로만 자꾸 달아나고
울타리는 마구 자빠트려 놓고
오라고 오라고 오라고만 그러면,

사랑 사랑의 석류꽃 낭기 낭기
하늬바람이랑 별이 모두 우습네요.
풋풋한 산노루 떼 언덕마다 한 마리씩,
개구리는 개구리와, 머구리는 머구리와,

구비 강물은 서천으로 흘러내려……

땅에 긴 긴 입맞춤은 오오 몸서리친,
쑥잎을 지근지근 이빨이 희허옇게
짐승스런 웃음은 달더라 달더라
울음같이 달더라.

화사花蛇

사향麝香 박하薄荷의 뒤안길이다.
아름다운 베암……
얼마나 커다란 슬픔으로 태어났기에 저리도 징그러운 몸뚱아리냐.

꽃다님 같다.

너의 할아버지가 이브를 꼬여 내던 달변達辯의 혓바닥이
소리 잃은 채 낼름거리는 붉은 아가리로
푸른 하늘이다.…… 물어뜯어라. 원통히 물어뜯어.

달아나거라, 저놈의 대가리!

돌팔매를 쏘면서, 쏘면서, 사향 방초芳草길
저놈의 뒤를 따르는 것은
우리 할아버지의 아내가 이브라서 그러는 게 아니라
석유 먹은 듯…… 석유 먹은 듯…… 가쁜 숨결이야.

바늘에 꼬여 두를까부다. 꽃다님보단도 아름다운 빛……
 클레오파트라의 피 먹은 양 붉게 타오르는 고은 입술이다…… 스며라, 배암!

 우리 순네는 스물 난 색시, 고양이같이 고운 입술…… 스며라, 배암!

문둥이

해와 하늘빛이
문둥이는 서러워

보리밭에 달 뜨면
애기 하나 먹고

꽃처럼 붉은 울음을 밤새 울었다.

대낮

따서 먹으면 자는 듯이 죽는다는
붉은 꽃밭 사이 길이 있어

핫슈* 먹은 듯 취해 나자빠진
능구렁이 같은 등어릿길로,
님은 달아나며 나를 부르고……

강한 향기로 흐르는 코피
두 손에 받으며 나는 쫓느니

밤처럼 고요한 끓는 대낮에
우리 둘이는 온몸이 달아……

*) 아편의 일종.

밀어密語

순이야. 영이야. 또 돌아간 남아.

굳이 잠긴 잿빛의 문을 열고 나와서
하늘가에 머무른 꽃봉오릴 보아라.

한없는 누에실의 올과 날로 짜 늘인
채일*을 두른 듯, 아늑한 하늘가에
뺨 부비며 열려 있는 꽃봉오릴 보아라.

순이야. 영이야. 또 돌아간 남아.

저,
가슴같이 따뜻한 삼월의 하늘가에
인제 바로 숨 쉬는 꽃봉오릴 보아라.

*) 차일遮日의 방언. 햇빛을 가리기 위해 치는 포장.

무제無題

  오늘 제일 기쁜 것은 고목古木나무에 푸르므레 봄빛이 드는 거와, 걸어가는 발뿌리에 풀잎사귀들이 희한하게도 돋아나는 일이다. 또 두어 살쯤 되는 어린 것들이 서투른 말을 배우고 익히는 것과, 성화聖畵의 애기들과 같은 그런 눈으로 우리들을 빤히 쳐다보는 일이다. 무심코 우리들을 쳐다보는 일이다.

내리는 눈발 속에서는

괜, 찬, 타, ……
괜, 찬, 타, ……
괜, 찬, 타, ……
괜, 찬, 타, ……
수부룩이 내려오는 눈발 속에서는
까투리 메추라기 새끼들도 깃들이어 오는 소리.……

괜찬타, …… 괜찬타, …… 괜찬타, …… 괜찬타, ……
폭으은히 내려오는 눈발 속에서는
낯이 붉은 처녀處女 아이들도 깃들이어 오는 소리. ……

울고
웃고
수그리고
새파라니 얼어서
운명運命들이 모두 다 안기어 드는 소리. ……

큰놈에겐 큰 눈물 자국, 작은놈에겐 작은 웃음 흔적,
 큰 이야기 작은 이야기들이 오보록이 도란거리며 안기어 오는 소리. ……

괜찬타, ……
괜찬타, ……
괜찬타, ……
괜찬타, ……

끊임없이 내리는 눈발 속에서는
산山도 산도 청산靑山도 안기어 드는 소리. ……

광화문光化門

　북악北岳과 삼각三角이 형과 그 누이처럼 서 있는 것을 보고 가다가
　형兄의 어깨 뒤에 얼굴을 들고 있는 누이처럼 서 있는 것을 보고 가다가
　어느새인지 광화문光化門 앞에 다다랐다.

　광화문은
　차라리 한 채의 소슬한 종교宗敎.
　조선 사람은 흔히 그 머리로부터 온몸에 사무쳐오는 빛을
　마침내 보선코에서까지도 떠받들어야 할 마련이지만,
　온 하늘에 넘쳐흐르는 푸른 광명光明을
　광화문— 저같이 의젓이 그 날갯죽지 위에 싣고 있는 자者도 드물라.

　상하양층上下兩層의 지붕 위에
　그득히 그득히 고이는 하늘.
　위층엣 것은 드디어 치—ㄹ 치—ㄹ 넘쳐라도 흐르지만,
　지붕과 지붕 사이에는 신방新房 같은 다락이 있어
　아래층엣 것은 온통 그리로 넘나들 마련이다.

옥같이 고으신 이
그 다락에 하늘 모아
사시라 함이렷다.

고개 숙여 성城 옆을 더듬어 가면
시정市井의 노랫소리도 오히려 태고太古 같고

문득 치켜든 머리 위에선
파르르 죽지 치는 내 마음의 메아리…….

선덕여왕善德女王의 말씀

짐朕의 무덤은 푸른령 위의 욕계欲界 제이천第二天.
피, 예 있으니, 피, 예 있으니, 어쩔 수 없이
구름 엉기고, 비 터잡는 데— 그런 하늘 속.

피, 예 있으니, 피, 예 있으니,
너무 인색치 말고
있는 사람은 병약자한테 시량柴糧도 더러 노느고,
홀어미 홀아비들도 더러 찾아 위로코,
첨성대 위엔 첨성대 위엔 그중 실한 사내를 놔라.

살肉體의 일로써 살의 일로써 미친 사내에게는
살 닿는 것 중 그중 빛나는 황금 팔찌를 그 가슴 위에,
그래도 그 어지러운 불이 다 스러지지 않거든
다스리는 노래는 바다 넘어서 하늘 끝까지.

하지만 사랑이거든
그것이 참말로 사랑이거든
서라벌 천년의 지혜가 가꾼 국법보다도 국법의 불보다도
늘 항상 더 타고 있거라.

짐의 무덤은 푸른령 위의 욕계 제이천.
피, 예 있으니, 피, 예 있으니, 어쩔 수 없이
구름 엉기고, 비 터잡는 데— 그런 하늘 속.

내 못 떠난다.

※ 선덕여왕은 지귀志鬼라는 자의 여왕에 대한 짝사랑을 위로해, 그 누워 자는 데 가까이 가, 가슴에 그의 팔찌를 벗어 놓은 일이 있다.

나의 시詩

어느 해 봄이던가, 머언 옛날입니다.

나는 어느 친척의 부인을 모시고 성城 안 동백꽃나무 그늘에 와 있었습니다.

부인은 그 호화로운 꽃들을 피운 하늘의 부분이 어딘가를 아시기나 하는 듯이 앉아계시고, 나는 풀밭 위에 흥건한 낙화落花가 안쓰러워 주서모아서는 부인의 펼쳐든 치마폭에 갖다놓았습니다.

쉬임없이 그 짓을 되풀이하였습니다.

그 뒤 나는 연년年年히 서정시抒情詩를 썼습니다만 그것은 모두가 그때 그 꽃들을 주서다가 드리던— 그 마음과 별로 다름이 없었습니다.

그러나 인제 웬일인지 나는 이것을 받아줄 이가 땅 위엔 아무도 없음을 봅니다.

내가 주서모은 꽃들은 저절로 내 손에서 땅 위에 떨어져 구을르고

또 그런 마음으로 밖에는 나는 내 시詩를 쓸 수가 없습니다.

4

꽃밭의 독백獨白
— 사소단장娑蘇斷章

노래가 낫기는 그중 나아도
구름까지 갔다간 되돌아오고,
네 발굽을 쳐 달려간 말은
바닷가에 가 멎어버렸다.
활로 잡은 산돼지, 매鷹로 잡은 산새들에도
이제는 벌써 입맛을 잃었다.
꽃아, 아침마다 개벽開闢하는 꽃아.
네가 좋기는 제일 좋아도,
물낯 바닥에 얼굴이나 비취는
헤엄도 모르는 아이와 같이
나는 네 닫힌 문에 기대섰을 뿐이다.
문 열어라 꽃아. 문 열어라 꽃아.
벼락과 해일海溢만이 길일지라도
문 열어라 꽃아. 문 열어라 꽃아.

※ 사소娑蘇는 신라 시조 박혁거세의 어머니. 처녀로 수태하여, 산으로 신선수행을 간 일이 있는데, 이 글은 그 떠나기 전, 그의 집 꽃밭에서의 독백.

노인헌화가 老人獻花歌

'붉은 바윗가에
잡은 손의 암소 놓고,
날 아니 부끄리시면
꽃을 꺾어 드리리다.'

이것은 어떤 신라의 늙은이가
젊은 여인한테 건네인 수작이다.

'붉은 바윗가에
잡은 손의 암소 놓고,
날 아니 부끄리시면
꽃을 꺾어 드리리다.'

햇빛이 포근한 날— 그러니까 봄날,
진달래꽃 고운 낭떠러지 아래서
그의 암소를 데리고 서 있던 머리 흰 늙은이가
문득 그의 앞을 지나는 어떤 남의 안사람 보고
한바탕 건네인 수작이다.

자기의 흰 수염도 나이도
다아 잊어버렸던 것일까?

물론
다아 잊어버렸었다.

남의 아내인 것도 무엇도
다아 잊어버렸던 것일까?

물론
다아 잊어버렸었다.

꽃이 꽃을 보고 웃듯이 하는
그런 마음씨밖엔, 아무것도 가진 것이 없었었다.

기마騎馬의 남편과 동행자 틈에
여인네도 말을 타고 있었다.

'아이그머니나 꽃도 좋아라.
그것 나 조끔만 가져봤으면'

꽃에게론 듯 사람에게론 듯
또 공중에게론 듯

말 위에 갸우뚱 여인네의 하는 말을
남편은 숙맥인 양 듣기만 하고
동행자들은 또 그냥 귓전으로 흘려보내고
오히려 남의 집 할아비가 지나다가 귀동냥하고
도맡아서 건네는 수작이었다.

'붉은 바윗가에
잡은 손의 암소 놓고,
날 아니 부끄리시면
꽃을 꺾어 드리리다.'

꽃은 벼랑 위에 있거늘,
그 높이마저 그만 잊어버렸던 것일까?

물론
여간한 높낮이도
다아 잊어버렸었다.

한없이
맑은
공기空氣가
요샛말로 하면—그 공기가

그들의 입과 귀와 눈을 적시면서
그들의 말씀과 수작들을 적시면서
한없이 친親한 것이 되어가는 것을
알고 또 느낄 수 있을 따름이었다.

내 영원은

내 영원永遠은
물빛
라일락의
빛과 향香의 길이로라.

가다가단
후미진 구렁이 있어,
소학교 때 내 여선생님의
키만큼 한 구렁이 있어
이쁜 여선생님의 키만큼 한 구렁이 있어,

내려가선 혼자 호젓이 앉아
이마에 솟은 땀도 들이는
물빛
라일락의
빛과 향의 길이로라
내 영원은.

내 그대를 사랑하는 마음은

내 그대를 사랑하는 마음은
이것은 차마 벌써 말씀도 아닌,
말씀이 아닐 것도 인제는 없는
구름 없는 하늘에 가 살고 있어요.

햇빛의 일곱 빛깔 타고 내려와
구름 속에 묻히어 앉아 쉬다가
빗방울에 싸여서 산수유山茱萸에 내리면
산수유꽃 피여서 사운거리고

산수유꽃 떨어져 시드시어서
구름으로 날아가 또 앉아 쉬다
프리즘의 무지개를 타고 오르면
구름 없는 하늘에서 다시 살아요.

추석

대추 물들이는 햇볕에
눈 맞추어
두었던 눈썹.

고향 떠나올 때
가슴에 끄리고 왔던 눈썹.

열두 자루 비수匕首 밑에
숨기어서
살던 눈썹.

비수들 다 녹슬어
시궁창에
버리던 날,

삼시 세 끼 굶은 날에
역력하던
너의 눈썹.

안심찮아
먼 산 바위
박아 넣어 두었더니

달아 달아 밝은 달아
추석이라
밝은 달아

너 어느 골방에서
한잠도 안자고 앉았다가
그 눈썹 꺼내들고
기왓장 넘어오는고.

수로부인의 얼굴

— 미인을 찬양하는 신라적新羅的 어법語法

   1

암소를 끌고 가던
수염이 흰 할아버지가

그 손의 고삐를
아주 그만 놓아버리게 할 만큼,

소고삐 놓아두고
높은 낭떠러지를
다람쥐 새끼같이 뽀르르르 기어오르게 할 만큼,

기어 올라가서
진달래꽃 꺾어다가

노래 한 수 지어 불러
갖다 바치게 할 만큼,

2

정자亭子에서 점심 먹고 있는 것
엿 보고
바닷속에서 용이란 놈이 나와
가로채 업고
천길 물속 깊이 들어가 버리게 할 만큼,

3

왼 고을 안 사내가
모두
몽둥이를 휘두르고 나오게 할 만큼,
왼 고을 안 사내들의 몽둥이란 몽둥이가
한꺼번에 바닷가 언덕을 아프게 치게 할 만큼,

왼 고을 안의 말씀이란 말씀이
모조리 한꺼번에 몰려나오게 할 만큼,

'내놓아라
내놓아라

우리 수로
내놓아라'

여럿의 말씀은 무쇠도 녹인다고
물속 천 리를 뚫고
바다 밑바닥까지 닿아가게 할 만큼,

    4

업어 간 용도 독차지는 못하고
되업어다 강릉江陵 땅에 내놓아야 할 만큼,
안장 좋은 거북이 등에
되업어다 내놓아야 할 만큼,

그래서
그 몸뚱이에서는
온갖 용궁 향내까지가
골고루 다 풍기어 나왔었느니라.

신부

신부는 초록 저고리 다홍치마로 겨우 귀밑머리만 풀리운 채 신랑하고 첫날밤을 아직 앉아 있었는데, 신랑이 그만 오줌이 급해져서 냉큼 일어나 달려가는 바람에 옷자락이 문돌쩌귀에 걸렸습니다. 그것을 신랑은 생각이 또 급해서 제 신부가 음탕해서 그 새를 못 참아서 손으로 잡아당기는 거라고, 그렇게만 알고 뒤도 안 돌아보고 나가 버렸습니다. 문돌쩌귀에 걸린 옷자락이 찢어진 채로 오줌 누곤 못 쓰겠다며 달아나 버렸습니다.

그러고 나서 사십 년인가 오십 년이 지나간 뒤에 뜻밖에 딴 볼일이 생겨 이 신부네 집 옆을 지나가다가 그래도 잠시 궁금해서 신부방 문을 열고 들여다보니 신부는 귀밑머리만 풀린 첫날밤 모양 그대로 초록 저고리 다홍치마로 아직도 고스란히 앉아 있었습니다. 안쓰러운 생각이 들어 그 어깨를 가서 어루만지니 그때서야 매운 재가 되어 폭삭 내려앉아 버렸습니다. 초록 재와 다홍 재로 내려앉아 버렸습니다.

해일

 바닷물이 넘쳐서 개울을 타고 올라와서 삼대 울타리 틈으로 새어 옥수수밭 속을 지나서 마당에 흥건히 고이는 날이 우리 외할머니네 집에는 있었습니다. 이런 날 나는 망둥이 새우 새끼를 거기서 찾노라고 이빨 속까지 너무나 기쁜 종달새 새끼 수리가 다 되어 알발로 낄낄거리며 쫓아다녔습니다만, 항시 누에가 실을 뽑듯이 나만 보면 옛날이야기만 무진장 하시던 외할머니는, 이때에는 웬일인지 한 마디도 말을 않고 벌써 많이 늙은 얼굴이 엷은 노을빛처럼 불그레해져 바다 쪽만 멍하니 넘어다보고 서 있었습니다.
 그때에는 왜 그러시는지 나는 아직 미처 몰랐습니다만, 그분이 돌아가신 인제는 그 이유를 간신히 알긴 알 것 같습니다. 우리 외할아버지는 배를 타고 먼바다로 고기잡이 다니시던 어부로, 내가 생겨나기 전 어느 해 겨울의 모진 바람에 어느 바다에선지 휘말려 빠져 버리곤 영영 돌아오지 못한 채로 있는 것이라 하니, 아마 외할머니는 그 남편의 바닷물이 자기 집 마당에 몰려들어오는 것을 보고 그렇게 말도 못 하고 얼굴만 붉어져 있었던 것이겠지요.

신발

나보고 명절날 신으라고 아버지가 사다 주신 내 신발을 나는 먼바다로 흘러내리는 개울물에서 장난하고 놀다가 그만 떠내려 보내 버리고 말았습니다. 아마 내 이 신발은 벌써 변산邊山 콧등 밑의 개 안을 벗어나서 이 세상의 온갖 바닷가를 내 대신 굽이치며 놀아 다니고 있을 것입니다.

아버지는 이어서 그것 대신의 신발을 또 한 켤레 사다가 신겨 주시긴 했습니다만, 그러나 이것은 어디까지나 대용품일 뿐, 그 대용품을 신고 명절을 맞이해야 했었습니다.

그래, 내가 스스로 내 신발을 사 신게 된 뒤에도 예순이 다 된 지금까지 나는 아직 대용품으로 신발을 사 신는 습관을 고치지 못한 그대로 있습니다.

박꽃 시간

옛날 옛적에 중국이 꽤나 점잖했던 시절에는 '수염 쓰다듬는 시간'이라는 시간단위가 다 사내들한테 있었듯이, 우리 질마재 여자들에겐 '박꽃 때'라는 시간단위가 언젠가부터 생겨나서 시방도 잘 쓰여져 오고 있습니다.

"박꽃 핀다 저녁밥 지어야지 물 길러 가자." 말하는 걸로 보아 박꽃 때는 하루낮 내내 오므렸던 박꽃이 새로 피기 시작하는 여름 해으스름이니, 어느 가난한 집에도 이때는 아직 보리쌀이라도 바닥나진 않아서, 먼 우물물을 동이로 여나르는 여인네들의 눈에서도 간장肝臟에서도 그 그득한 순백의 박꽃 시간을 우그러뜨릴 힘은 하늘에도 땅에도 전연 없었습니다.

그렇지만, 혹 흥부네같이 그 겉보리쌀마저 동나버린 집안이 있어 그 박꽃 시간의 한 귀퉁이가 허전하게 되면, 강남서 온 제비가 들어 그 허전한 데서 파닥거리기도 하고 그 파닥거리는 춤에 부쳐 "그리 말어, 흥부네. 오곡백과도 상평통보도 금은보화도 다 그 박꽃 열매 바가지에 담을 수 있는 것 아닌갑네" 잘 타일러 알아듣게도 했습니다.

그래서 이 박꽃 시간은 아직 우그러지는 일도 뒤틀리는 일도, 덜어지는 일도 더하는 일도 없이 꼭 그 순백의 금 질량 그대로를 잘 지켜 내려오고 있습니다.

5

침향沈香

 침향을 만들려는 이들은, 산골 물이 바다를 만나러 흘러 내려가다가 바로 따악 그 바닷물과 만나는 언저리에 굵직굵직한 참나무 토막들을 잠가 넣어둡니다. 침향은, 물론 꽤 오랜 세월이 지난 뒤에, 이 잠근 참나무 토막들을 다시 건져 말려서 빠개어 쓰는 겁니다만, 아무리 짧아도 2~3백 년은 수저水底에 가라앉아 있는 것이라야 향내가 제대로 나기 비롯한다 합니다. 천 년쯤씩 잠긴 것은 냄새가 더 좋굽시요.

 그러니, 질마재 사람들이 침향을 만들려고 참나무 토막들을 하나씩 하나씩 들어내다가 육수陸水와 조류潮流가 합수合水치는 속에 집어넣고 있는 것은 자기들이나 자기들 아들딸이나 손자손녀들이 건져서 쓰려는 게 아니고, 훨씬 더 먼 미래의 누군지 눈에 보이지도 않는 후대들을 위해섭니다.

 그래서 이것을 넣는 이와 꺼내 쓰는 사람 사이의 수백 수천 년은 이 침향 내음새 꼬옥 그대로 바짝 가까이 그리운 것일 뿐, 따분할 것도, 아득할 것도, 너절할 것도, 허전할 것도 없습니다.

내가 돌이 되면

내가
돌이 되면

돌은
연꽃이 되고

연꽃은
호수가 되고

내가
호수가 되면

호수는
연꽃이 되고

연꽃은
돌이 되고

내 아내

나 바람나지 말라고
아내가 새벽마다 장독대에 떠놓은
삼천 사발의 냉숫물.

내 남루襤褸와 피리 옆에서
삼천 사발의 냉수 냄새로
항시 숨 쉬는 그 숨결 소리.

그녀 먼저 숨을 거둬 떠날 때에는
그 숨결 달래서 내 피리에 담고,

내 먼저 하늘로 올라가는 날이면
내 숨은 그녀 빈 사발에 담을까.

꽃을 보는 법

혼자서 고향을 떠나
어느 후줄근한 땅의 막바지 바닷가나 헤매다니다가,
배불러서는 무엇하느냐?
먹는 것도 어쭙잖은 날이 오거든
맨발 벗고,
설움도 참아 아닌 이 풀밭길을
인제는 혼잘 것도 따로 없이 걸어오너라.
그리하여 어디메쯤 놓여 있는 천 년 묵은 산의 바윗가에
 처음으로 눈웃음 웃고 오는 네 오랜만의 누이— 꽃나무
를 보리니……

질마재의 내 생가

내가 생겨나서 자라던
질마재 마을의 내 생가가
병들고 다 삭아서 무너지게 됐으니
올해에는 기어코 이걸 새로 지어 세우리라.
내가 어렸을 때
어른들이 모다 들일을 나가시면
나 혼자 마루에서 그 빈집을 지켰으니,
뒷산 뻐꾹새 울음소리에
숨을 맞추어 쉬다가는
그대로 흐렁흐렁 잠이 들던 그 마루
그 마루를 그대로 남겨서
올해에는 기어코 다시 일어 세우리라.
뿔뿔이 외국에 나가 흩어져 사는 내 자손들
그들이 돌아오면
내가 듣던 그 뻐꾹새 소리를
이 마루에 앉아
한때씩 듣고 있게 하리라.

내 할머니

내 할머니는 어느 해 어느 날에도
밭이나 집에서 일만 하셨지.
두 손끝이 다 문드러지게 일만 하셨지.
마을 나들이 한 번도 절대로 하지 않았다.
어쩌다 마을 아낙네들이 찾아와서 지껄여대면
대꾸는 고작 "아이고 구잡스러라" 한 마디가 고작이었다.
밤에도 새벽닭이 울 때까지는
내 머리맡 윗목에서 물레를 자았다.
남편의 임종에 수혈을 하느라고
약藥손가락 두 마디가 없어진 할머니.
할머니가 시집올 때 가지고 온 반복班服*은
시렁 위의 함 속에 담기어만 있었을 뿐,
단 한 번도 이것을 꺼내 입어보지도 안 했다.
그래 내 어머니가 추석날 같은 때
그걸 한 번씩 꺼내 입어보시곤 부러워라고 하셨다.

*) 이왕조李王朝의 양반 계급의 옷.

한국의 산시

그 누군가
흰 머리로 신선 되시어
영원한 새 청춘으로
하늘을 맡아 일어서시니

모자는
그 흰 머리털 모자가 역시나 좋겠다고
본받아 나서는 아들딸도 있었지.

함경도라 맑은 물에
물신선 노릇이 더 좋겠다고
구름을 머리에 쓰고 다니는
여인네도 생겼지.

민족의 장래가 잘 되자면
좋은 자손을 배야만 되겠다고
지성 드리는 탑이
만 개나 생겨나면서,
아저씨 아저씨 먹서리 아저씨도
승냥이 떼들도
그건 두루 다 찬성이었지.

에베레스트 대웅봉이 말씀하시기를

사랑이 지극히 깊고 커다란 사람들이여!
사람 누가 너를 죽이려고 독을 먹였을지라도,
그래서 피 토하고 숨넘어가며 아파서 있을지라도,
아주 그 숨결이 네게서 떠나기까지는
그 독살자의 마음속의 독이
그대 사랑의 두두룩함을 받아 잘 풀리도록,
그리하여 그 풀린 마음으로 다시 그대를 이어가도록,
거듭거듭 타이르고 타이르고만 있을지니라.
이천오백 년 전에
이 산골 태생의 사내 석가모니 釋迦牟尼*가 그랬듯이
타이르고만 있을밖에
딴길은 아무것도 아무것도 없느니라.

*) 석가모니께서는 80세 되던 해에, 이미 망국亡國이 된 그의 조국 네팔로 돌아오는 도중, '춘다'라는 한 철공의 집에서 끓여 준 독버섯 국을 먹고 그 육신의 목숨을 잃었지만, 그래도 숨이 아주 넘어가기까지는 그의 영생하는 정신생명의 까닭을 그 독살자에게 누누이 타이르고만 있었다.

낮잠

묘법연화경 속에
내 까마득 그 뜻을 잊어먹은 글자가 하나.
무교동 왕대폿집으로 가서
팁을 오백 원씩이나 주어도
도무지 도무지 생각이 안 나는 글자가 하나.
나리는 이슬비에
자라는 보리밭에
기왕이면 비 열 끗짜리 속의 장끼나 한 마리
여기 그냥 그려두고
낮잠이나 들까나.

무슨 꽃으로 문지르는 가슴이기에
나는 이리도 살고 싶은가
— 빈 가지에 바구니만 매어두고 내 소녀,
어디 갔느뇨 (오일도吳一島)

아주 할 수 없이 되면 고향을 생각한다.

이제는 다시 돌아올 수 없는 옛날의 모습들. 안개와 같이 쓰러진 것들의 형상을 불러일으킨다.

귓가에 와서 아스라이 속삭이고는, 스쳐가는 소리들. 머언 유명幽明에서처럼 그 소리는 들려오는 것이나, 한마디도 그 뜻을 알 수는 없다.

다만 느끼는 건 너희들의 숨소리. 소녀여, 어디에들 안재安在하는지. 너희들의 호흡의 훈김으로써 다시금 돌아오는 내 청춘을 느낄 따름인 것이다.

소녀여 뭐라고 내게 말하였던 것인가?

오히려 처음과 같은 하늘 위에선 한 마리의 종다리가 가느다란 핏줄을 그리며 구름에 묻혀 흐를 뿐, 오늘도 굳이 닫힌 내 전정前程의 석문 앞에서 마음대로는 처리할 수 없는 내 생명의 환희를 이해할 따름인 것이다.

섭섭이와 서운니와 푸접이와 순녜라하는 네 명의 소녀의 뒤를 따라서, 오후의 산그리메가 밟히우는 보리밭 사이 언덕길 위에 나는 서서 있었다. 붉고 푸르고 흰, 전설 속의 네 개의 바다와 같이 네 소녀는 네 빛깔의 저고리를 입고 있었다.

 하늘 위에선 아득한 고동소리. …… 순녜가 가리켜준 상제님의 고동소리.… 네 명의 소녀는 저마다 한 개씩의 바구니를 들고. 허리를 구부리고, 차라리 무슨 나물을 찾는 것이 아니라 절을 하고 있는 것이었다. 씬나물이나 머슴둘레, 그런 것을 찾는 것이 아니라 머언 머언 고동소리에 귀를 기울이고 있는 것이었다. 후회後悔와 같은 표정으로 머리를 수그리고 있는 것이었다.

 그러나 나에게는 잡히지 아니하는 것이었다. 발자춰 소리를 아주 숨기고 가도, 나에게는 붙잡히지 아니하는 것이었다.
 담담히도 오래가는 내음새를 풍기우며, 머슴둘레 꽃포기가 발길에 채일 뿐, 쌍긋한 찔레 덤불이 앞을 가리울 뿐 나보다는 더 빨리 달아나는 것이었다. 나의 부르는 소리가 크면 클수록 더 멀리 더 멀리 달아나는 것이었다.

 여긴 오지 마…… 여긴 오지 마……

 애살포오시 웃음 지으며, 수류水流와 같이 네 개의 수류와

같이 차라리 흘러가는 것이었다.

 한줄기의 추억과 쳐든 나의 두 손, 역시 하늘에는 종다리 새 한 마리, —— 이런 것만 남기고는 조용히 흘러가며 속삭이는 것이었다. 여긴 오지 마……여긴 오지 마…….

 소녀여. 내가 가는 날은 돌아오련가. 내가 아주 가는 날은 돌아오련가 막달라의 마리아처럼 두 눈에는 반가운 눈물로 어리어서, 머리털로 내 손끝을 스치이련가.

 그러나 내가 가시에 찔려 아파할 때는, 네 명의 소녀는 내 곁에 와서는 것이었다. 내가 찔레 가시나 사금파리에 베어 아파할 때는, 어머니와 같은 손가락으로 나를 낫이우려 오는 것이었다.

 손가락 끝에 나의 어린 핏방울을 적시우며, 한 명의 소녀가 걱정을 하면 세 명의 소녀도 걱정을 하며, 그 노오란 꽃송이로 문지르고는, 하얀 꽃송이로 문지르고는, 빠알간 꽃송이로 문지르고는 하던 나의 상傷처기는 어찌면 그리도 잘 낫는 것이었든가.

정해 정해 정도령아
원이 왔다 문門열어라.
붉은 꽃을 문지르면
붉은 피가 돌아오고
푸른 꽃을 문지르면
푸른 숨이 돌아오고.

소녀여. 비가 개인 날은 하늘이 왜 이리도 푸른가. 어데서 쉬는 숨소리기에 이리도 똑똑히 들리이는가.
무슨 꽃으로 문지르는 가슴이기에 나는 이리도 살고 싶은가.

몇 포기의 시커먼 머슴둘레꽃이 피어 있는 낭떠러지 아래 풀밭에 서서, 나는 단 하나의 정령精靈이 돼야 내 소녀들을 불러일으킨다.
그들은 역시 나를 지키고 있었던 것이다. 내 속에 내리는 비가 개이기만, 다시 그 언덕길 위에 돌아오기만, 어서 병이 낫기만을, 그 옛날의 보리밭길 위에서 언제나 언제나 기다리고 있었던 것이다.

내가 아주 가는 날은 돌아오련가?

■ 해설

피안의 무지개
— 미당의 영혼이요, 육신이요, 삶인
'피가 섞인 시의 이슬'

이 근 배

질마재의 해일

하늘은 이 나라의 모국어를 가장 눈부신 목화솜으로 자아올린 시인의 영원불멸의 시혼에 응답함인가. 미당 선생 1주기를 맞는 섣달 스무사흗날, 산소와 '미당시문학관'이 있는 질마재 마을에 눈발이 흩날리고 있었다. 그러고 보니 선생이 동서양의 시를 잘 쓴다는 귀신들의 절을 받으며 이름 외우시던 천육백스물다섯의 산, 아니 그보다 높은 시선詩仙들이 사는 하늘의 산을 오르시던 지난해 섣달 스무나흘 밤에도 솜씨 좋은 천사들은 흰 눈송이를 빚어 우화등선羽化登仙의 수의를 입혀 드렸었구나.

눈이 오는구나. 스물세 살 앳된 시인 미당의 이마 위에 몇 방울의 피가 섞인 시의 이슬은 어느새 이 나라의 산과 물, 지구 마을의 곳곳을 다 떠돌다가 눈발로 따르는 이들의 얼굴을 닦아 주는구나.

  소요산 자락의 그리 높지 않은 고개 질마재를 넘으면 눈 안에 안겨 오는 신화의 마을, 소작농을 하거나 소금 막일을 하며 살아가는 가난한 동네에서 미당 선생은 얼굴 잘생기고 글 잘하는 선비 석오石吾 서광한徐光漢공과 김정현金貞賢 여사의 맏아들로 한일합방이 된 지 다섯 해가 되던 해 태어나셨다.

  등단 직후에 지은 「자화상」「수대동시」 등에서 물씬 이곳 '내 넋의 시골'을 우려냈거니와 「질마재의 신화」에서 남김없이 옮겨 논 것이라든지를 보면 미당 선생의 시의 생물은 이미 열대여섯 안팎의 이 적막한 산천에서 모두 길어 올린 것이 아닐까?

  나는 미당시문학관에서 서광한 공의 한문 간찰簡札을 보고는 속으로 적이 놀랐었다. 진작 선생의 부친이 과거를 준비하다가 나라의 변천으로 꺾였고 지방 백일장에서 장원을 했다는 이야기를 읽은 바 있지만, 그 한문으로 쓴 편지는 조선조의 이름 있는 선비의 글씨와도 맞먹는 것이어서 선생의 시재가 하늘에서 뚝 떨어진 것이 아님을 새삼 알게 되었다.

  할아버지나 아버지의 문기文氣를 타고났을 뿐 아니라 외할머니가 안 읽은 책이 없는 총기 좋은 이야기꾼이었다니 어린 외손주는 그 무릎에서 익힌 입담이 하나도 새나가지 않고 보태어지고 살이 붙어서 훗날 시의 해일로 씌어진다.

외할먼네 마당에 올라온 해일엔요
예쉰살 나이에 스물한 살 얼굴을 한
그리고 천 살에도 이젠 안 죽기로 한
신랑이 돌아오는 풀밭길이 있어요

 시 「외할머니네 마당에 올라온 해일」에서 보듯 책 속에 있는 것뿐 아니라 외할머니가 들려준 이 고장 사람들의 낱낱의 삶은 어린 나이에 귀를 밝혔고 바깥세상에 나와서도 질마재는 귀신처럼 따라붙어 다니며 '천 살에도 안 죽기로 한 신랑(시인)' 노릇을 하게 했던 것이다.
 1주기 제사를 올리는 산소에는 초가집 모양의 나지막한 시비도 세워져 제막을 했는데 6·25 전쟁 중인 1952년, 김현승 시인의 발천으로 광주에 내려가 조선대학교 교수로 겨우 자리를 잡고 혼란의 소용돌이를 모두 마음으로 가라앉혀 쏟아낸 시 「무등을 보며」의 2·3·4 절을 선생의 친필로 부인 '방옥숙 여사'에게 써 주었던 것을 새겨 놓았다.

청산이 그 무릎 아래 지란芝蘭을 기르듯
우리는 우리 새끼들을 기를 수밖엔 없다

목숨이 가다가다 농울쳐 휘어드는
오후의 때가 오거든
내외들이여, 그대들도
더러는 앉고
더러는 차라리 그 곁에 누워라.

지어미는 지애비를 물끄러미 우러러보고
지애비는 지애미의 이마라도 짚어라.

전문이 아니어서 온전한 말씀을 다 전하지 못하지만 「무등을 보며」는 가장 고단했던 우리의 한 시대를 타고 넘어 자손만대로 산과 물을 울릴 넉넉한 가르침의 시맥이 묻혀 있다.

스물세 살의 임종계

마당까지 올라오는 해일만큼이나 끓어 넘치는 속을 가진 소년 미당이 서울 중앙고등보통학교로 올라오게 된 것은 아무래도 한학이 높은 선비인 아버지 덕분이었다. 인촌 김성수는 선대가 이룩해 놓은 큰 재산을 잘 쓰는 법을 알아 <동아일보>를 창간하고 학교도 세웠는데, 그 하나가 중앙고보였고 인촌가에서는 글 잘하고 인품 있는 선생의 부친 석오 공에게 농사일을 비롯한 살림을 맡기는 세교世交가 있던 터였다.

1929년 11월 어느 날
광주학생사건이 서울에도 불붙어 일어났을 땐
나는 만 열네 살의 중학 1년생이어서
멋도 모르고 데모대의 상급생들 뒤를 따르며
단지 호기심만으로 '조선독립만세'를 외치고 갔었지
　　　　　　　—「광주학생사건에 · I」에서

염병이 나아서 머리털이 홀라닥 빠져가지고
2학기에 복교하니, 재미라고는
쉬는 시간에 학교 뒤 언덕에서
빵떡이나 사 먹는 거나 그중 나았네
그래서 '깐디'라는 별명이 붙은 녀석이
'광주학생사건이나 한 번 더 해보자'고 해
그거나 근사해서 그 주모의 하나가 됐었지
—「광주학생사건에·Ⅱ」에서

저 서슬 퍼런 일제의 총칼 아래서 열너댓 살 어린 나이에 거리에 뛰쳐나와 "일본제국의 식민지 노예교육을 반대한다! 조선독립만세!"를 외치다가 감옥에도 가고 퇴학도 당했으면 그것만으로도 독립운동에 한몫을 했노라고 덧칠을 할 법한데 선생은 도무지 그런 기색이 없이 철없이 했던 양 한 발 물러서고 있다. 이 광주학생사건과 맞물려 선생은 당시 머리 좋은 젊은이들이 안 걸리고는 못 배기는 '사회주의 병'에도 걸린다.

1930년 봄에는 나는 열다섯 살짜리
중앙고보 2학년생으로서
이때 유행의 사회주의 병이라는 것에 걸리고 말았네
—「사회주의 병」에서

'사회주의 가지고는
사람의 온전한 행복은 만들 수 없다'는 걸
생각하고 느끼고 또 생각하게 되었지
　　　　　　　　　―「사회주의를 회의하게 되었음」에서

미당의 '뼈를 데워 준' 석전 스님

한 하숙방의 강희옥에게 물들어 안국동 근처 계림서점을 드나들며 마르크스의 『자본론』을 비롯한 여러 책들을 읽고 탐닉하게 된다. 그러나 막심 고리키의 단편 『동지』를 읽고 그 결말에서 회의를 품어 사회주의 소설을 버리고 순수문학으로 눈을 옮긴다.

한창 감수성이 복받치는 나이에 사회주의며 학생운동이며 감옥이며를 홍역처럼 치른 미당은 열여덟 살에 석전石顚 박한영朴漢永 대종사의 문하로 들어간다. 한용운, 최남선, 이광수도 그 문하에서 배웠던 석전 스님은 근대의 대석학이며 고승이었던 터라 동대문 밖 개운사 대단암大丹庵을 찾아갔을 때 "내가 넝마주이를 한 사실 하나 때문에／ 나를 하늘에서 온 신선 친구나 되는 것처럼／ 함박꽃 웃음으로 맞이해" 주었다고 시 「석전 박한영 대종사 곁에서·1」에서 선생은 적고 있다.

그 인연으로 석전 스님이 교장으로 있던 동국대학교의 전신인 중앙불교전문학교에 입학했고 "그 덕으로 해방 뒤엔 동국대 교수도 되어서／ 안 굶고 시를 쓰며 살게 되었다"

고 다시 시로 밝혀 놓고 있다. 선생은 석전 스님을 "내 뼈를 데워준" 분으로 일컬으니 선생이 시인으로 나아가는 길목에 그리고 저 넓고 깊은 시의 큰 바다를 이루는 힘을 가장 크게 얻은 곳과 때가 석전 문하에서였음을 알 수 있다.

1936년 스물한 살 때 <동아일보> 신춘문예에 시 「벽」이 당선되어 눈부신 신인으로 등장한 선생은 김동리, 오장환 등과 '시인부락' 동인을 결성하고 편집인 겸 발행인이 된다. 그리고 다음 해 세상을 다 살고 끝나는 날에나 터뜨림직한 임종게 같은 시 「자화상」을 낳는다.

애비는 종이었다

이 한 줄을 두고 글자대로만 읽는 색독色讀의 무지함을 드러내는 사람도 있으나 앞에서 밝혔듯이 선생의 부친 석오공은 조선조 같으면 과거에 장원급제를 해서 정승의 반열에도 오를 큰 선비였음을 모르지 않거니와 일제 식민지에서의 백성의 종살이와 그런 자기 비하의 속내를 못 알아차린 데서 오는 것이다.

스물세 해 동안 나를 키운 건 팔할八割이 바람이다.
세상은 가도 가도 부끄럽기만 하드라
어떤 이는 내 눈에서 죄인을 읽고 가고
어떤 이는 내 입에서 천치를 읽고 가나
나는 아무것도 뉘우치진 않을란다.

아직 이 나랏말이 제대로 깎이고 다듬어지지 않았던 그 시대, 누가 미당의 나이에 이만한 소리를 흉내라도 낼 수 있을 텐가. "팔 할이 바람", "부끄럽기만", "죄인", "천치", "뉘우치진 않을란다" 등의 낱말 뒤에 숨은 뜻을 다 헤아리기도 어렵거니와 모르는 채라도 선생은 너무 일찍 많은 것을 아셨고 그러면서도 더 못 갖고 못 채움을 스스로 채찍질하는 그 뼈에 새기는 아픔을 느끼게 한다.

찬란히 틔워오는 어느 아침에도
이마 위에 연친 시의 이슬에는
몇 방울의 피가 언제나 섞여 있어
볕이거나 그늘이거나 혓바닥 늘어뜨린
병든 수캐만 양 헐떡거리며 나는 왔다.

그렇다. '피가 섞인 시의 이슬', 이것이 미당의 영혼이요. 육신이요. 삶이다. 풀잎 위의 이슬은 쉽게 마르나 미당의 시의 이슬은 피가 섞여 있어 마르지 않을 뿐 아니라 몇 년도의 불길 속에 들어가서도 타지 않는 사리로 이 땅의 가슴팍에, 모국어의 핏줄에 영롱히 박혀 잇는 것이다. 선생은 우리 나이 스물세 살에 60년 뒤에 남길 임종의 법어를 앞서 기록해 놓았던 것이다.

불멸의 무지개

강 건너에 무지개가 하늘의 다리를 놓고 있었다. 소년의 눈빛은 무지개를 바라보며 타오르다가 마침내 달려가기 시작했다. 무지개만 행해서 뛰다가 돌부리에 차여 넘어지고 가시덤불에 발이 찢겨 피가 흐르고 흙탕물과 소똥 개똥을 밟기도 하면서도 소년은 앞만 보고 달렸다. 그랬던 것 같다.

미당은 오직 시의 무지개만 바라보고 달리는 소년이었다. 일제라는 돌부리며 신군부라는 가시덤불이며에 치여서 넘어지기도 하고 피 흘리기도 했으나 그런 것들에 빌붙고 타협해서 덕을 보겠다는 생각에서가 아니라 막무가내인 것들과 씨름해서 이길 수도 없고 씨름하느라 시간을 허비하기보다는 쉽게 털어 버리고 내 바쁜 길 가야겠다는 생각이 앞섰을 것이다.

더욱 6·25를 겪느라고 사람으로서는 제정신을 못 갖게 할 일들을 너무 많이 당한 터라 선생은 그만 신경쇠약을 얻게 된다. 한강 다리가 끊어지기 직전 조지훈, 이한직 등과 서울을 빠져나가 대구까지 내려가면서 청산가리를 먹을 생각을 하는 극한 상황을 못 견뎌 병원 신세까지 지고 만다.

6·25사변 이래 늘 내 의식에 접촉해 와서 치열한 공격과 협박을 퍼부어 온 정체불명의 공중의 소리 속에 끊임없는 불안을 겪어 가야만 했던 것이다.

이 글은 자서전 속의 「6·25사변(2)」에서 따온 것이지만 이 무렵의 회고 속에는 '공중의 소리'가 자주 등장하고 있는데 그것은 주검이 널려있는 전쟁터에서 죽음에 대한 두려움이 너무도 목에 찬 데서 생긴 것이 아닐까! 왜냐하면 빨치산으로 오인 받아 총살당하기 직전에 기적으로 살아나기도 하는 등 여러 차례의 죽을 고비를 넘기면서 "나는 살아서 시를 써야지 이대로는 죽을 수 없다"는 천재성 획득의 자아본능이 죽음의 공포를 넘어내지 못한 데서 더욱 깊었을 테니까.

1959년쯤이었을 것이다. 공덕동으로 찾아뵈었을 때 선생은 갑자기 "근배야, 지용은 내 큰 형님이시지, 지금도 저 북쪽에서 쓰도똔똔 쓰도똔똔 내게 신호를 보내오고 있거든"하고 손가락으로 머리를 치며 신호를 받는 시늉까지 하시는 것이었다.

거슬러 오라가 보면 어린 날 광주학생사건으로 일경日警에게 모진 매도 맞아보고 장티푸스를 앓아 꽃상여에 태울 지경까지 갔을 때부터 '공중의 소리'라는 놈은 옴실옴실 기어 나오기 시작해서 일제를 넘고 6·25를 겪으면서 그놈은 날개를 달고 선생의 머릿속을 어지럽혔던 것도 같다.

아무튼 그런 어지럼증을 앓으면서도 선생의 날 선 곡괭이는 이 나라 산천의 골짜기와 봉우리에 가득 차 있는 모국어의 심줄을 줄기차게 캐내어 세종대왕이 창제한 훈민정음의 역사 앞에 이 겨레의 넋을 얹어 시로 내놓은 것이다.

황동규는 미당 팔순잔치 마당에서 외쳤다. "이 땅에 미당을 읽지 않고 시를 쓴 사람 나와 봐라."고. 험난한 시대의 고빗길에서 선생에게 부닥친 현실은 너무도 가혹했고 오직 시의 무지개에게만 정신이 팔려 그런 도깨비들과의 씨름에서는 져 줄 수밖에 없었겠으나 선생이 시의 귀신에 붙잡혀서도 도깨비들마저 이길 수 있었다면 아마 시의 귀신은 달아나 버리고 미당의 시는 제 몫을 못했을는지도 모른다.

더없이 안타까운 일이나 선생이 시의 귀신에 붙잡힌 것이 어느 한쪽으로 축복이지 않을까? 선생이 환갑도 되기 전 어느 해 수유리 김소운 선생 댁에서 저녁상을 받았을 때 "에에 동리는 신선이 다 됐지요" 하고 문학으로나 정신으로나 삶으로나 짝지어 오던 김동리를 추어올리는 것을 들었다. 그 말 속에는 "에에 나도 신선이 되어 갑니다."로 나는 새겨들었었고.

백 년 천 년 사시어 이 나라 긴 역사 속의 응어리를 모국어로 다듬어 내실 것 같던 미당 선생은 여든다섯 해로 마감하셨지만 이제 그토록 좇으시던 시의 무지개는 피안에서 불멸의 빛으로 솟아 있고 그것은 선생의 '이마 위에 얹힌 시의 이슬'이 하늘에 지은 것임을 나는 바라보고 있다.

끝으로 선생께서 질마재로 떠나실 때 울며 영전에 바친 졸시 '미당경전'에서 몇 행을 옮겨 다시 올린다.

저희는 맨 처음 선생님의 시편들로 눈을 뜨려 했으며
마지막까지 손에 들고도
이루 다 뜻을 못 헤아리고 가슴만 치다 말 것이 선생님의 시편들입니다.
'미당경전未堂經典'
저는 선생님의 시편들을 이렇게 부릅니다.

<시인>

■ 1941년 발간 『화사집』 발문

시를 사랑하는 것은, 시를 생산하는 사람보다도 불행한 일이다.

혹或 일컬어 시인詩人의 비참한 생애는 시를 사랑하는 사람에게 보내는 아름다운 선물이라 하나, 어찌 사랑하는 자로 하여금 자기의 허물어져 가는 분신을 손 놓고 보게만 하는가.

내 이네들 주변에 살은 지 주년週年, 사향방초麝香芳草길, 아름다운 잔디밭에서 능금 따먹는 배암, 꿈꾸는 배암과의 해후 어찌 기연奇緣으로만 몰리랴.

정주廷柱가 시인부락詩人部落을 통하여 세상에 그 찬란한 비늘을 번뜩인 지 어느덧 5, 6년, 어찌 생각하면 이 책을 묶음이 늦은 것도 같으나 역亦, 끝없이 아름다운 그의 시를 위하야는 그대로 그 진한 풀밭에 그윽한 향취香臭와 맑은 이슬과 함께 쓰러지게 하는 것이 오히려 고결高潔하였을는지 모른다.

사실 부언附言은 장환章煥 형이 쓸 것이었으나 나로서는 이 시집을 냄에 있어 여러 벗 중에 유독 미미한 내가 이 발문跋文을 쓰게 된 것을 무한 부끄러이 여길 뿐이다.

'기어코 내 손으로 화사집花蛇集을 내게 되었다.

내가 붓을 든 이후로 지금에 이르도록 가장 두려워하고 끄—티든, 이 시편을 다시 내 손으로 모아 한 권 시집으로 세상에 전하려 한다. 아—사랑하는 사람의 재앙災殃 됨이여!' 하고는 그만 그로서는 붓을 던지지 않을 수 없었다.

          1940년 가을 김상원金相瑗

서정주 연보

1915(1세) 5월 18일, 전북 고창군 부안면 선운리 578에서 서광한徐光漢의 장남으로 출생.

1922(8세) 마을 서당에서 한학 수업을 받기 시작함.

1924(10세) 전북 부안군 줄포공립보통학교에 입학, 4년 만에 수료.

1929(15세) 상경하여 중앙고등보통학교에 입학.

1930(16세) 11월, 광주학생운동 주모자 4명 중 하나로 퇴학, 구속되었으나, 나이가 어리다는 이유로 기소 유예되어 석방됨.

1931(17세) 고창고등보통학교에 편입학하였으나 이내 권고 자퇴함.

1933(19세) 박한영 대종사 문하생으로 입문하여 동대문 밖 개운사 대원암 내 중앙불교전 문강원에 입학.

1935(21세) 동국대 전신인 중앙불교전문학교 입학.

1936(22세) 동아일보 신춘문예에 시 「벽」으로 당선. 가을, 중앙불교전문학교 휴학. 11월 『시인부락』의 편집인 겸 발행인이 됨.

1938(24세) 방옥숙方玉淑과 결혼.

1939(25세) 만주로 가 양곡주식회사 간도성 연길시 지점에 경리사원으로 입사. 겨울에 용정출장소로 전근.

1940(26세) 봄에 귀국하여 고향으로 돌아감. 고창읍 노동에서 장남 승해 출생.

1941(27세) 가족과 함께 상경. 동대문여학교에 교사로 부임. 첫 시집 『화사집』(남만서고) 출간.

1942(28세) 부친 사망.

1946(32세) 제2시집 『귀촉도』(선문사) 출간. 부산 동아대학교 전임강사가 됨.

1948(34세) 봄에 동아일보 사회부장으로 입사 후, 문화부장에 전임. 정부수립과 동시에 문교부 초대 예술과장으로 임명됨. 11개월 후 휴직.

1949(35세) 정부 수립 후 한국문학가협회 창립과 동시에 시부詩部 위원장으로 취임.

1951(37세) 전주 전시연합대학戰時聯合大學 강사 겸 전주고등학교 교사로 부임.

1952(38세) 광주 조선대학교 부교수로 부임.

1953(39세) 환도와 함께 상경.

1954(40세) 예술원 회원이 되어 문학분과위원장 역임. 서라벌 예술대학 교수로 부임. 동국대학교 강사(~1960).

1955(41세) 미국 아세아재단 자유문학상 수상. 제3시집 『서정주 시선』(정음사) 출간.

1956(42세) 한국문학가협회 최고위원으로 선출됨.

1957(43세) 서울 공덕동에서 차남 윤 출생.

1960(46세) 제4시집 『신라초』(정음사) 출간. 동국대학교 교수로 부임.

1961(47세) 시집 『신라초』로 5·16문예상 수상.

1962(48세) Melicent Huneycutt가 처음으로 시를 영역함.

1965(51세) 한국문인협회 부이사장으로 취임.

1966(52세) 대한민국 예술원상 수상.

1968(54세) 제5시집 『동천』(민중서관) 출간.

1972(58세) 『서정주문학전집』(일지사) 전 5권 출간.

1973(59세) 『현대문학』에 장편소설 『석사 장이소의 산책』을 2년 간 연재.

1974(60세) 고향인 전북 고창 선운사 입구에 '미당시비' 건립.

1975(61세) 제6시집 『질마재 신화』(일지사) 간행. 『서정주 육필시선』(문학사상사) 발행. 회갑 기념시화전 개최.

1976(62세) 숙명여대에서 명예문학박사 학위 받음. 제7시집 『떠돌이의 시』(민음사) 출간.

1977(63세) 11월, 한국문인협회장에 취임. 11월에 세계일주여행을 떠나 1978년 9월에 귀국.

1978(64년) 9월, 동국대학교 문리대학장으로 취임. 허세욱 번역으로 『徐廷柱詩集』이 자유중국 여명문화사업공사 판으로 간행됨.

1979(65세) 8월, 동국대학교 교수 정년퇴임. 이어서 동국대학원 대우교수가 됨.

1980(66세) 세계 여행기인 『떠돌며 머흘며 무엇을 보려느뇨?』(동화출판공사) 전 2권 발행. 제8시집 세계기행시집 『서으로 가는 달처럼….』(문학사상사) 출간. 10월, 중앙일보사가 주는 문화대상본상 개인상 수상.

1981(67세) 미국 뉴저지의 『Quarterly Review of Literature』지 여름호 <세계시선>에 시 58편이 뉴욕 코넬 대학교 교수인 David, R. McCann의 번역으로 수록됨.

1982(68세) 제9시집 한국역사시집 『학이 울고 간 날들의 시』(소설문학사) 출간. 일본에서 일역 시집 『조선민들레꽃의 노래』 출간. 불역 시집 『붉은 꽃』을 룩셈부르크에서 발행.

1983(69세) 3월, 동국대학교 명예교수가 됨. 5월, 『미당 서정주시전집』(민음사) 출간. 제10시집 『안 잊히는 일들』(현대문학사) 출간.

1984(70세) 3월, 제11시집 『노래』(정음문화사) 출간. 범세계한국예술인회의 이사장 취임. 제2차 세계여행을 부인 방옥숙 여사와 함께 다녀옴.

1985(71세) 경기대학교 대학원 초빙교수로 취임. 대한민국예술원 원로회원이 됨.

1986(72세) 서울 시사영어사에서 영역 시집 『Unforgettable things』 발행. 일본 동경에서 일역 시집 『新羅風流』 발간.

1987(73세) 프랑스 파리의 Saint-germain-des-pres사에서 불역시집 『떠돌이의 시』 발행.

1988(74세) 스페인의 마드리드대학교 출판부에서 스페인어역 시집 『국화 옆에서』 발행. 서독 본의사에서 독일어역 시집 『석류꽃』 발행. 제12시집 『팔할이 바람』(혜원출판사) 출간.

1989(75세) 미국 콜럼비아대학교 출판부에서 영역 시선집 『Selected poems of so Chongju』(서정주 시선집) 발행.

1991(77세) 1월, 제13시집 『산시山詩』(민음사) 출간. 4월, 『서정주 시전집』 전 2권 (민음사) 출간.

2000(86세) 12월 24일 별세. 고향인 전북 고창에 영면.

〖한국대표명시선100〗을 펴내며

　한국 현대시 100년의 금자탑은 장엄하다. 오랜 역사와 더불어 꽃피워온 얼·말·글의 새벽을 열었고 외세의 침략으로 역경과 수난 속에서도 모국어의 활화산은 더욱 불길을 뿜어 세계문학 속에 한국시의 참모습을 드러내게 되었다.
　이 나라는 글의 나라였고 이 겨레는 시의 겨레였다. 글로 사직을 지키고 시로 살림하며 노래로 산과 물을 감싸왔다. 오늘 높아져 가는 겨레의 위상과 자존의 바탕에도 모국어의 위대한 용암이 들끓고 있음이다.
　이제 우리는 이 땅의 시인들이 척박한 시대를 피땀으로 경작해온 풍성한 시의 수확을 먼 미래의 자손들에게까지 누리고 살 양식으로 공급하는 곳간을 여는 일에 나서야 할 때임을 깨닫고 서두르는 것이다.
　일찍이 만해는「님의 침묵」으로 빼앗긴 나라를 되찾고 잃어가는 민족정신을 일으켜 세우는 밑거름으로 삼았으며 그 기룸의 뜻은 높은 뫼로 솟아오르고 너른 바다로 뻗어나가고 있다.
　만해가 시를 최초로 활자화한 것은 옥중시「무궁화를 심고자」(≪개벽≫ 27호 1922. 9)였다. 만해사상실천선양회는 그 아흔 돌을 맞아 만해의 시정신을 기리는 일의 하나로 '한국대표명시선100'을 펴내게 된 것이다.
　이로써 시인들은 더욱 붓을 가다듬어 후세에 길이 남을 명편들을 낳는 일에 나서게 될 것이고, 이 겨레는 이 크나큰 모국어의 축복을 길이 가슴에 새겨나갈 것이다.

만해사상실천선양회

한국대표명시선100 | **서 정 주**

선운사 동백꽃 보러갔더니

1판 1쇄 발행 2012년 10월 17일
1판 5쇄 발행 2024년 7월 10일

지 은 이   서 정 주
뽑 은 이   만해사상실천선양회
펴 낸 이   이 창 섭
펴 낸 곳   시인생각
등 록 번 호   제2012-000007호(2012.7.6)
주   소   고양시 일산동구 호수로 688. A-419호
             ㉾10364
전   화   050-5552-2222
팩   스   (031)812-5121
이 메 일   lkb4000@hanmail.net

값 6,000원

ⓒ 서정주, 2012

ISBN 978-89-98047-03-0 03810

* 잘못된 책은 책을 구입하신 서점에서 교환하여 드립니다.

※ 이 책은 만해사상실천선양회의 지원으로 간행되었습니다.